2. Auflage 2023
© 2020 Verlag Heiderose Fischer-Nagel,
Brunnenstraße 7, D-34286 Spangenberg
Tel.: 05663-280, Fax: 05663-6562
E-Mail: fischer-nagel@t-online.de, URL: www.fischer-nagel.de
Alle Rechte, auch die der Bearbeitung oder auszugsweisen Vervielfältigung
gleich durch welche Medien, vorbehalten.
Fotos: Andreas Fischer-Nagel
außer U1: Livia Novakova; S.5 shutterstock-Miroslav Hlasko

ISBN: 978-3-930038-89-3

Inhalt

Ein liebenswertes Haustier aus Übersee	7
Wie Meerschweinchen aussehen	8
Gesellige Meerschweinchen	10
Meerschweinchen-Hochzeit	12
Die Tragzeit	14
Die Geburt	16
Die Kinderstube	21
Meerschweinchens Sinne	26
Futter für alle	30
Hauptsache Abwechslung!	34
Keines gleicht dem anderen	38
Die Verwandten	40

Heiderose und Andreas Fischer-Nagel

Drollige Meerschweinchen

Verlag Heiderose Fischer-Nagel

Ein liebenswertes Haustier aus Übersee

Meerschweinchen sind wunderbare Haustiere für Kinder. Sie sind freundlich, am Tage munter und werden sehr zutraulich. Sie leben deutlich länger als Mäuse und Hamster, nämlich bis zu sieben oder acht Jahre lang. Wichtig für das Wohlergehen der netten Tiere ist jedoch, dass man sie nicht allein hält, sondern mindestens zu zweit.

Die Meerschweinchen stammen ursprünglich aus Südamerika, wo sie zahlreich, besonders in den Bergen Perus, den Anden, leben.
Die dort in kleinen Höhlen wohnenden Tiere sind eine Wildform, die Tschudi, die längere Beinchen haben, unauffällig gefärbt und sehr kurzhaarig sind.

Eines Tages, so um 1540, entdeckten die aus Europa kommenden Seefahrer Südamerika. Sie brachten neben Pflanzen, wie Kartoffel, Tabak und Tomate, auch interessante Tiere mit, so zum Beispiel die Meerschweinchen, die die südamerikanischen Indianer, die Inkas, als Nutztiere hielten. Die Inkas aßen sie oder opferten sie den Göttern, damit sie ihnen gutes Wetter und eine reiche Ernte bescheren sollten.

Weißt du eigentlich, woher die Meerschweinchen ihren Namen haben?
Sie heißen vielleicht »Meer-Schweinchen«, weil sie quieken und grunzen wie kleine Schweinchen und weil sie vor langer Zeit mit den Seefahrern über das Meer gekommen sind.
Diese nannten sie zunächst »Kujus« und nahmen sie als Nahrungsvorrat oder Geschenk für ihre daheim wartenden Familien mit an Bord.
Bestimmt wurden gefangene Meerschweinchen schon vor ihrer weiten Reise über das Meer verkauft: Ein Schweinchen für eine englische Münze, für eine »Guinea«. Auf Englisch heißt das Meerschweinchen deshalb »Guinea pig«, also »Guinea-Schwein«.

Da die meisten von uns ein Meerschweinchen nur daheim und nicht im fernen Südamerika beobachten können, zeigen wir dir, wie unsere Hausmeerschweinchen leben.

Wie Meerschweinchen aussehen

Bobby, unser Meerschweinmännchen, ist etwas größer als Pauline, sein Weibchen. Er ist fast 30 Zentimeter lang und hat ein Gewicht von 1450 Gramm. Er ist ein ganz schöner Klops und wir müssen aufpassen, dass er nicht zu dick wird, denn das ist für Meerschweinchen ebenso ungesund wie für uns Menschen.

Pauline sieht gegen Bobby richtig graziös aus. Sie ist mit 22 Zentimetern Körperlänge ein kleines Schweinchen und mit 700 Gramm ein echtes Leichtgewicht. Beide haben einen großen Kopf mit lustigen schwarzen Knopfaugen, eine kleine, stumpfe Nase und ein winziges Maul, das immer so aussieht, als ob es lächelt. Wenn sie gähnen, sehen wir ihre scharfen Nagezähne und staunen, wie weit sie ihr Maul aufmachen können.

Wie Katzen und Hamster haben Meerschweinchen Tasthaare im Gesicht, mit denen sie sich auch im Dunkeln orientieren können. Ihre Tasthaare sind so lang, dass sie auf jeden Fall länger sind, als ihr dickes Hinterteil. So fühlen sie nämlich, ob sie durch einen unterirdischen Gang durchpassen oder eben stecken bleiben würden.

Ihre Ohren sind unbehaart, ganz weich und können prima hören. Bei lauten Ge-

räuschen zucken sie erschreckt zusammen.

Der Hals ist sehr kurz, wie bei richtigen Schweinen. Einen sichtbaren Ringelschwanz haben Meerschweinchen allerdings nicht!

Im Freigehege laufen sie blitzschnell hin und her. Meerschweinchen sind so genannte Zehengänger, haben an den Vorderfüßen vier und an den Hinterfüßen drei Zehen.

Gesellige Meerschweinchen

Eine große Menge von Meerschweinchen voneinander zu unterscheiden, ist am Anfang gar nicht so einfach. Aber du kannst es lernen!

Zunächst unterscheidest du sie an ihrem schlicht aus, haben ein graubraunes, unterseits helleres Fell. Die sichtbaren Grannenhaare sind sehr hart und steif. Das Fell der Hausmeerschweinchen fühlt sich nicht so hart an. Alle Meerschweinchen, ob Wildmeerschweinchen oder Hausmeerschweinchen, haben seidenweiche Unterwolle, die sie schön wärmt.

Unser Meerschweinbock Bobby ist ein Rosettenmeerschweinchen mit braun-weißem Fell, das überall große Haarwirbel bildet, und ihn deshalb ein

Fell: Manche sind einfarbig, andere sogar dreifarbig, einige haben glattes Fell, andere zählen mit ihren lustigen Haarwirbeln zu den Rosettenmeerschweinchen. Die südamerikanischen Wildmeerschweinchen sehen dagegen sehr

wenig struppig aussehen lassen.
Ein Grunzen von ihm und die anderen Schweinchen erstarren einen Moment, so, als ob sie hören wollten, was Bobby zu sagen hat.
Neben den Kurzhaar- und den Rosettenmeerschweinchen gibt es die Langhaarmeerschweinchen, die keine Wirbel im Fell haben. Vom hinteren Teil des Körpers wachsen die Haare zu einer kleinen Schleppe.

Meerschweinchen unterhalten sich mit Hilfe zahlreicher Laute. Sie quieken laut oder leise, andere gurren zufrieden. Du erkennst daran, wie gesellig sie sind. Ein einzeln gehaltenes Meerschweinchen leidet unendlich!
Nur ein enger Kontakt zu ihrer Pflegeperson macht ihnen eventuell das Leben erträglich. Ein Meerschweinchen allein kann also höchstens jemand halten, der wirklich richtig viel Zeit für das Tier hat.

Meerschwein-Hochzeit

Alle 14 bis 18 Tage ist eines von Bobbys Weibchen paarungsbereit. Er ist dann sehr aufgeregt. Mit einem brummenden Knattern umkreist er das paarungsbereite Weibchen, wiegt sich von einer Seite auf die andere, treibt es vor sich her und bespritzt es mit ein paar Tropfen Urin. Er ist ungemein aufmerksam und will nichts tun, was das Weibchen verärgert. Er ist der Chef in der Meerschwein-sippe und darf sich deshalb mit allen Weibchen paaren.

Wenn ein neues Weibchen ins Gehege kommt, herrscht große Aufregung in der Meerschweinsippe. Das neue Weibchen widersetzt sich zunächst dieser Annäherung. Es richtet sich dabei auf den Hinterbeinen auf und reißt sein Maul auf, um seine scharfen Nagezähne als »Waffe« vorzuzeigen. Manchmal wird der Verehrer sogar wütend mit einigen Tropfen Urin bespritzt. Meist genügt

diese Warnung – das Männchen lässt das Weibchen in Ruhe.

Heute ist das Weibchen »Rosine« für 24 Stunden paarungsbereit.
Ob Bobby sich mit ihr paaren wird? Wie es scheint, mag sie ihn gut leiden. Aufgeregt streicht er um sie herum, gurrt, grunzt, quiekt leise und zärtlich und stupst die Angebetete an. Schließlich hat er Glück.
Rosine bleibt ruhig sitzen, streckt ihr Hinterteil ein wenig in die Höhe. Bobby steigt auf, dringt mit seinem Penis in Rosines Scheide ein, spritzt innerhalb weniger Sekunden seinen Samen ein und befruchtet damit das reife Ei in Rosines Bauch.

Ein Weibchen bekommt ungefähr vier- bis fünfmal im Jahr Junge. In jedem Wurf sind ungefähr fünf Junge, das macht dann schon 25 Junge von diesem Weibchen. Na, du kannst dir schon denken, wie schnell man den Überblick verliert, wenn man mehrere Weibchen hat! Deshalb solltest du lieber zwei Weibchen zusammenhalten oder dein Böckchen kastrieren lassen, damit die Tiere nicht ständig Nachwuchs haben. Es ist nämlich sehr schwer, für die überzähligen Tiere wirklich nette und verantwortungsvolle Menschen zu finden.

Die Tragzeit

Nach der Paarung putzen sich die Tiere ausgiebig. Es ist wieder Ruhe bei Familie Meerschwein eingekehrt.

Bei so vielen Meerschweinchen sind tatsächlich meist mehrere Weibchen trächtig. Sie verhalten sich ruhig und unauffällig. Erst in den letzten beiden Wochen ihrer ungefähr sechzig Tage dauernden Tragzeit werden sie dicker.

Schweinchenrund walzen sie durch das Gehege. Manchmal sehen wir, wie sich die kleinen Babys in Rosines Bauch be-

wegen, und wenn wir vorsichtig mit einer Hand an ihrem Bauch fühlen, können wir die Bewegungen sogar spüren.

Ein noch junges Meerschweinweibchen bekommt meist zwei, manchmal sogar drei Junge.

Diesmal soll es das letzte Mal sein, dass sich die Schweinchen vermehren. Inzwischen haben nämlich all unsere besten Freunde schon Meerschweinchen aus unserer Zucht.

Die Männchen Bobby, Tobi und Oskar sollen nun kastriert werden. Das bedeutet, dass sie nach einer kleinen Operation keine Samen mehr in ihrem Körper bilden können. Die Hoden werden vom Tierarzt entfernt.

Seit der Paarung von Bobby und Rosine sind fast neun Wochen vergangen. Eine lange Tragzeit.

Ein Meerschweinchen braucht eine genauso lange Entwicklungszeit wie ein Hund oder eine Katze. Dagegen trägt das auch zu den Nagetieren gehörende Hamsterweibchen nur 16 Tage.

Während Hamsterkinder nackt und blind auf die Welt kommen, entwickeln sich kleine Meerschweinchen im Bauch der Mutter vollständig. Wenn sie geboren werden haben sie schon Fell, offene Augen und können herumlaufen.

Tierkinder, die nicht fertig entwickelt auf die Welt kommen sind Nesthocker. Sie müssen noch eine lange Zeit versorgt werden.
Die kleinen Meerschweinchen sind Nestflüchter. Sie kommen fix und fertig entwickelt auf die Welt und können bereits sehen, hören und alleine fressen.

Jeden Tag gucken wir in das Gehege. Ob die kleinen Meerschweinchen schon da sind?
Endlich! Rosine sitzt in einer Ecke. Sie hat sich kein Nest gebaut und verkriecht sich auch gar nicht in einem Schlafhäuschen. Sie gurrt vor sich hin. Wir halten ihr ein Blättchen Salat hin, um sie aus der Ecke zu locken. Es klappt! Rosine kommt vorgetrippelt, aber wir entdecken noch nichts auf dem Platz, auf dem sie gesessen hat.
Wieder haben wir uns getäuscht. Bestimmt verpassen wir noch den spannenden Moment!

Die Geburt

Doch nach zwei weiteren Tagen beobachten wir, wie Rosine sehr unruhig umherläuft und sich mal hier, mal dort in eine Ecke drückt. Immer wieder beugt sie ihren Oberkörper tief nach unten, dreht sich in der Ecke hin und her.

Die Wehen, die Muskelbewegungen, mit denen die Jungen aus dem Bauch der Mutter gepresst werden, haben eingesetzt. Aufrecht sitzt Rosine da. Ihren Kopf hat sie weit nach vorn gebeugt, und wir erkennen, wie sie sich anstrengt.

Sie presst das erste Junge heraus, beißt die Nabelschnur durch, über die das Kleine in ihrem Bauch ernährt wurde und leckt ihr Baby trocken.

Das geht so schnell, dass wir kaum bemerken, dass schon ein zweites Junges zur Welt kommt. Ob noch ein drittes oder ein viertes geboren wird?

Rosine frisst etwas. Es sind sozusagen die Reste, die Fruchthülle und Nachgeburt, die sie auffrisst. Nichts von der Geburt ist mehr zu sehen. Rosine hat nur zwei Junge bekommen. Gemeinsam liegen sie an Rosines Bauch und trinken gierig ihre erste Milch.

Im Bauch der Mutter lebten sie gut geschützt in der mit Fruchtwasser gefüllten Fruchthülle. Nährstoffe und Sauerstoff erhielten sie gelöst im Blut der Mutter durch die Nabelschnur. Diese verbindet das Junge in Mutters Bauch mit dem Mutterkuchen. Jetzt brauchen sie das

alles nicht mehr. Obwohl die Mutter sie drei Wochen lang säugen wird, können sie vom ersten Tag an Heu knabbern.

Die beiden Babymeerschweine sind noch sehr klein, zwei Miniausgaben von Rosine. Jedes wiegt ungefähr 70 Gramm. Beide sind wuschelig, das eine in verschiedenen Brauntönen, das andere weiß-braun-schwarz, einfach süß!

Ein kleines Meerschweinchen ist viel niedlicher als ein neugeborener Hamster oder eine Maus. Die kommen nämlich nackt und blind zur Welt. Ein neugeborenes Minimeerschwein kann schon sehen und läuft gleich auf wackeligen Füßchen herum. Die Augen öffnen diese Tiere bereits zwei Wochen vor der Geburt im Bauch der Mutter. Dort drinnen hatten sie sogar schon ihren ersten Zahnwechsel!

Guck mal, hier siehst du noch einmal alles ganz genau:
Dieses frisch geborene Meerschweinchen steckt noch in seiner Fruchthülle. Gleich wird es die Meerschweinmutter ablecken und davon befreien.

Sie leckt es so lange, bis das Fell nahezu trocken ist. Oft wird dann schon das nächste Junge geboren. Wenn nicht, schiebt die Mutter ihr Junges zu den Zitzen, damit es Milch saugt. Meerschweinbabys wiegen 50 bis 70 Gramm, genau so viel wie manch Hühnerei! Die kleinen Nestflüchter sehen, hören und riechen und könnten sofort mit ihrer Mutter in ein anderes Versteck flüchten.

Das können - wie du schon gehört hast - Hamsterbabys zum Beispiel nicht. Auch sie werden in der Fruchthülle geboren, sind aber nackt, können nicht sehen und nicht hören. Hilflos sind sie und können weder ohne ihre Mutter auskommen noch das Nest verlassen.

Viele Tierkinder, zum Beispiel Mäuse, Hunde-, Katzen- und Vogelkinder sind ebenfalls Nesthocker und müssen zunächst weiter von den Eltern versorgt werden.

Die Kinderstube

Wir bieten Rosine einen Leckerbissen an. Sie quiekt, kommt angelaufen, gefolgt von ihren beiden Kindern, die wir Hannah und Robby nennen. Rosine hat Hunger. Sie nimmt eine Möhre und drückt sie mit den Pfoten auf den Boden. So kann ihr die Möhre beim Fressen nicht wegrollen. Dann säugt sie ihre Kleinen wieder. Am Bauch hat sie zwei Zitzen, die jetzt durch die Milch angeschwollen sind. Beim Trinken sitzen die Jungen am Bauch der Mutter. Eine wichtige Körperhaltung, ein Verhalten der Wildmeerschweinchen, das ihnen in freier Natur immer eine schnelle Flucht ermöglicht. Meerschweinjunge werden ungefähr drei Wochen gesäugt. Aber sie wandern meist selbstständig herum, nagen ein bisschen am Heu und versuchen ein Körnchen zu fressen. Die anderen Meerschweinchen beschnuppern sie neugierig.

„So viele Verwandte!", denken die Kleinen bestimmt. Das ist Robby doch ein bisschen unheimlich. Zaghaft quiekt er, dann hebt er die kleine Nase und schnuppert auffällig nach links und rechts, als ob er etwas suchen würde. Und richtig! Da ist Rosine. Eilig läuft Robby auf sie zu. Er hat sie am Geruch erkannt. Aber selbst wenn sie mal nicht gleich da wäre, dann würden sich die anderen Meerschweinmütter um ihn kümmern. Sie sind ja alle eine große Familie und jedes Muttertier achtet nicht nur auf die eigenen, sondern auch auf die anderen Jungen.

Die Kinderzeit der Meerschweine ist recht kurz. Schon mit drei bis fünf Wochen sind die Jungen alt genug, um von der Mutter getrennt zu werden. Die jungen Weibchen können sich bereits mit drei Wochen selbst paaren, die Männchen werden erst nach 60 Tagen geschlechtsreif.

Unsere zwei kleinen Schweinchen sind noch so klein, dass sie mal dem Vater, mal der Mutter folgen.
Manchmal wandern Hannah und Robby hinter ihrer Mutter her, nur um geputzt zu werden. Die Meerschweinmutter leckt in den ersten Tagen nach der Geburt sogar Kot und Urin der Kleinen auf.

Das finden wir gar nicht appetitlich, freuen uns aber, dass die Minischweinchen dadurch immer ganz sauber sind.
Dieses Verhalten ist den Meerschweinen angeboren. Sie beseitigen damit Spuren, um ihre Jungen vor möglichen Feinden zu schützen.

Müde und satt kuscheln sich Hannah und Robby an ihre Mutter. Sie grunzen behaglich und ruhen ein Weilchen.

Meerschweinchen fressen besonders gern morgens und abends. Die Zeit dazwischen nutzen sie zum Ruhen und zur Kontakt- und Körperpflege.

Plötzlich springen sie wieder auf, sausen blitzschnell herum und hüpfen übermütig hin und her.
Manchmal sind sie schon ganz mutig, spielen mit ihren Halbgeschwistern, beschnüffeln die anderen Erwachsenen und nagen mit ihren kleinen Zähnchen am Futter.

Nach zwei Wochen ha-
ben die Meerschweinchen
sich schon ein ordentliches
Bäuchlein angefressen.
Wenn sie ausgewachsen
sind, bringen sie 1000 bis
1500 Gramm auf die Waage!

Schau einmal, die vier Kinder
von Helma kleben wie Klet-
ten an ihrem Hinterteil!
Sie fühlen sich bei ihrer
Mama am wohlsten.

Meerschweinchens Sinne

Meerschweinchen können prima hören, riechen und tasten. Mit den seitlich stehenden Augen haben sie ein weiteres Sehfeld als wir, sehen aber etwas unscharf.

Meerschweinchen sind sehr aufmerksam. Sie quieken laut und freudig, wenn es Futter gibt.

Zur Verständigung untereinander können sie eine Menge verschiedene Laute machen: knurren, grunzen, schnurren, quietschen, brummen und mit den Zähnen rattern. Jedes Geräusch hat eine Bedeutung und ist für die Unterhaltung der Meerschweine ganz wichtig. Sobald eines »spricht«, lauschen die anderen aufmerksam, stellen ihre hauchzarten, rosa Ohren auf, sodass ihnen nichts entgeht. Droht Gefahr, genügt ein schrilles Quieken von Bobby, dem »Leitbock«,

und »husch« sind alle blitzschnell im Heu verschwunden. Vorsichtig kommen die kleinen Nasen nach einer Weile wieder hervor. Aufmerksam lauschen die Tiere und futtern dann, wenn alles wieder in Ordnung ist, genüsslich weiter ihre Körner. Meerschweinchen besitzen nicht nur ein hervorragendes Gehör, sondern ein ebenso gutes Riechvermögen. Der »Geruch« hält die Gruppe zusamme.

Im Freigehege beobachten wir, wie die Meerschweinchen im Gänsemarsch hintereinander herlaufen und die Jungen schützend in die Mitte nehmen. Sie nutzen immer die gleichen Wege, sodass sich nach kurzer Zeit richtige Trampelpfade im Gehege erkennen lassen.

Doch wehe ein Meerschweinböckchen wird erwachsen, so wie gerade Pauli! Er versucht sich an Bobbys Weibchen heranzumachen. Das möchte Bobby nicht. Er verteidigt seine Weibchen und den Nachwuchs.

Bobby umkreist Pauli wütend, rattert mit den Zähnen, boxt ihn unsanft in die Seite, läuft steifbeinig um den Rivalen herum und versucht, ihn zu beißen. Schon kugeln sie im Meerschwein-Ringkampf herum. Pauli geht zu Boden, dreht sich blitzschnell auf den Rücken und reißt sein Maul auf.

Seine Zähne blitzen, aber wir bemerken auch, dass er Angst hat und sich unterwirft. Bobby grunzt zufrieden. Er dreht sich um und marschiert stolz als Sieger davon. Dem hat er es aber gezeigt – diesmal jedenfalls!

Ein Meerschweinchenbock muss sich immer wieder neu behaupten. Eines Tages, wenn er alt ist, wird ihn ein jüngeres Männchen besiegen. Aber bis dahin ist es noch lang und außerdem werden die Böckchen kastriert. Dann herrscht sowieso bald Ruhe im Gehege.

Futter für alle

In unserem Gehege herrscht Frieden. Alle passen gut zueinander. Wie alle Meerschweinchen fressen Bobby, Pauline, Rosine, Hannah, Robby und die anderen für ihr Leben gern. Dabei verhalten sie sich ganz anders als Hamster und Mäuse, die gierig und nur an sich denkend die Vorräte abschleppen. Manchmal lassen die Männchen den Weibchen und Jungen den Vortritt und warten, bis sie gefressen haben. Nur wenn es frischen Löwenzahn gibt, können sie sich nicht beherrschen und knabbern die Blätter gleich an. Sie fressen sogar aus der Hand, kommen ganz nah, schnuppern, richten sich auf und stellen ihre winzigen Vorderfüße auf unsere Hand. Die meisten haben gelernt uns zu vertrauen. Wenn sie viel frisches Obst und Grünfutter bekommen, trinken

unsere Meerschweinchen nur wenig. Am liebsten fressen sie Salat, Möhren, Kräuter, Löwenzahn, Bärlauch, Spitzwegerich und Gräser. Niemals pflücken wir die Kräuter am Straßenrand oder am Feldrain, denn hier wird leider zu oft Gift gespritzt! Kohl und Klee sind als Futter übrigens nicht so gut geeignet. Die Meerschweinchen bekommen Bauchschmerzen davon und wenn man Pech hat, sogar Durchfall. Im Winter, wenn sie mehr Körner und Heu fressen, brauchen sie mehr Wasser. Ab und zu gibt es Vitamine und Mineralien in Pelletform.

31

Die meisten Lebewesen sind in der Lage, Vitamin C selbst zu produzieren, nur der Mensch, die Menschenaffen und die Meerschweinchen können das nicht. Während wir viel entsprechendes Obst und Gemüse essen, haben Meerschweine von der Natur aus einen ganz besonderen »Blinddarm-Vergärer« bekommen.

Dort wird reichlich Vitamin C gebildet und mit dem Kot ausgeschieden. Diesen etwas helleren Kot müssen die Meerschweinchen fressen, um gesund zu bleiben.

Pellets und Fertigfutter mögen alle Meerschweinchen gern. Doch aufgepasst: Meerschweinchen werden sehr schnell viel zu dick. Und wer zu dick ist, wird leider auch schneller krank.

Wichtiger als Körnerfutter ist das Heu. Damit nutzen sich ihre Nagezähne regelmäßig ab. Heu und Äste von Obstbäumen liefern zernagt wunderbare Ballaststoffe, die die Nahrung im Meerschweinchen-Stopfdarm weiterschieben. Das ist anders als bei uns, wo sich der Darm bewegt und die Nahrung aktiv weiter transportiert wird.
Und dann gibt es noch eine zusätzliche Besonderheit bei den Meerschweinchen:

Hauptsache Abwechslung!

In der kalten Jahreszeit leben unsere Meerschweinchen ausschließlich im Haus. Sie haben große Käfige, die wir regelmäßig säubern, Tränken mit frischem Wasser, Schälchen mit Futter, die nicht umkippen können, Obstbaumrinde zum Knabbern und jede Menge Heu. Daraus machen sie sich auch gerne ein Bett in den geräumigen Schlafhäuschen. Ab und zu lassen wir sie frei im Zimmer herumlaufen. Dabei achten wir darauf, dass sie keine Kabel anfressen oder sich hinter den Schrank quetschen. Sie laufen herum und springen meist von ganz allein wieder durch die offene Käfigtür in ihr vertrautes Heim. Ab und zu nehmen wir mal dieses, mal jenes Schweinchen aus dem Käfig, um die Krallen und Zähne zu kontrollieren. Die Zähne nutzen sich gut ab. Es gibt vier Nagezähne, zwei oben und zwei unten. Würden sich die Zähne nicht abnutzen, wären sie wie Säbel. Das Meerschwein könnte nicht mehr fressen und müsste verhungern.

Geduldig und gutmütig lassen sich diese geduldigen Tiere untersuchen. Sie sind es ja gewohnt, dass sie oft auf den Arm

genommen werden, allein schon dann, wenn sie zum Säubern der Käfige umgesetzt werden.

Im Sommer sind sie am liebsten in ihrem großen Freigehege. Sie haben dort dicke Wurzeln zum Klettern und geräumige Schlafhäuschen mit Stroh, in denen sie schlafen und sich bei Regen verkriechen können. Auch zu viel Sonne mögen sie nicht und huschen ab und zu lieber in den Schatten.

Die größte Gefahr droht aus der Luft. Greifvögel stoßen aus großer Höhe hinab und packen die Meerschweine, so wie sie auch Hühner und frei laufende Kaninchen packen. Unser Gehege ist in Hausnähe. Wir haben ständig einen Blick darauf, wenn wir unsere Abdeckung mal nicht darüber haben. Das

Über das Gehege haben wir ein Drahtdach gelegt, so sind die Meerschweinchen vor Katzen, Hunden und Greifvögeln geschützt.

In unserer Gegend leben viele Füchse. Die mutigen Tiere wagen sich bis in die Wohngegenden, um Futter für ihre Jungen zu finden. Da ist so ein fettes Meerschweinchen leider ein willkommener Braten.

ist auch eine willkommene Gelegenheit für unseren frechen Kater Sascha, der sich dann gemütlich zwischen die Meerschweinchen in die Sonne legt.

Ab und zu setzen wir unsere Schildkröten Max und Ede dazu. Wie große Steine liegen sie im frisch gemähten Grünfutter und ziehen sich gierig ein Löwenzahnblatt nach dem anderen rein.

Keines gleicht dem anderen

Nicht alle Meerschweinchen haben glattes Fell: Es gibt langhaarige Angora-Meerschweinchen, die, wenn sie ausgewachsen sind, lange, seidenweiche Haare haben. Sie ziehen eine richtige Haarschleppe hinter sich her, die man natürlich sehr pflegen muss, denn lange Haare verfilzen ganz leicht und sehen dann struppig aus.

Im Gegensatz zu allen anderen Meerschweinrassen wechseln sie nie ihr Fell. Es wächst und wächst!

Kurzhaarige Meerschweinchen pflegen sich selbst. Trotzdem kontrollieren wir ab und zu ihre Haut. Gerade im Sommer könnten sich Zecken in ihnen verbissen haben, die entfernt werden müssen. Vielleicht gibt es Verletzungen. Sie müssen versorgt werden, ehe etwa Fliegen ihre Eier in die Wunden legen.

Durch die Haltung in Gefangenschaft bekommen Meerschweinchen manchmal zu trockene Haut und kleine Plagegeister wie Milben befallen sie.

Die Krallen müssen regelmäßig geschnitten werden. Sind sie zu lang,

sollten sie lieber vom Tierarzt gekürzt werden.

Andere Meerschweinchen haben viele Haarwirbel. Man nennt sie Rosetten-Meerschweinchen. Ob einfarbig, mehrfarbig, gescheckt, langhaarig, kurzhaarig oder weißhaarig mit roten Augen – alle Meerschweinchen sind liebenswert!

Die Verwandten

So bunt wie unsere Hausmeerschweinchen sehen die wilden Verwandten frei-
lich nicht aus.
Wir können sie im Zoo betrachten und
dort viel über sie lernen.

Das **Aguti**-Meerschweinchen *(unten)* lebt
im südamerikanischen Urwald. Es ist
viel größer als das Hausmeerschweinchen, hat längere Beine, ein einfarbiges,
graubraunes, sehr kurzhaariges Fell, ist
schlank, lebhaft, scheu und ängstlich.
Die **Tschudi**-Meerschweinchen *(oben)*
sind in Chile zu Hause und leben in
4 200 m Höhe im Gebirge.

Von ihren Höhle führen Trampelpfade zu
den Futterplätzen. Ihre Körper sind sehr
schlank. Sie ernähren sich von Kakteen,
weil diese Pflanzen sehr viel Wasser
enthalten, das zum Überleben in diesen
trockenen Regionen lebensnotwendig
ist. Die Tschudi-Meerschweinchen gel-
ten als Vorfahren unserer Hausmeerschweinchen.

Ebenfalls mit den Meerschweinen ver-
wandt sind die **Maras**, die **Chinchillas**
und die **Wasserschweine**.

Die **Maras** *(rechts)* leben in den Wüsten und Steppen Argentiniens. Sie sehen aus wie Hasen mit kurzen Ohren. Auch sie leben in Höhlen, die sie sich mit ihren Scharrkrallen graben.

Das **Wasserschwein** *(unten)* ist das größte heute noch lebende Nagetier. Es sieht wie ein riesiges Meerschwein aus und lebt im Sumpfwald der südamerikanischen Flüsse und Seen.

41

Ihr Fell gehört zu den feinsten und teuersten Pelzen, weshalb sie früher oft zu hunderten zur Pelzgewinnung gehalten wurden. Auffällig sind ihre großen, schwarzen Knopfaugen.

Chinchillas (oben) zählen heute zu unseren Heimtieren. Ab und zu kann man sie in Zoohandlungen sehen und kaufen. Sie haben dichtes, sehr weiches, meist silbergraues Fell und fühlen sich ganz kuschelig an.

Stell dir vor, auch Biber, Nutria, Eichhörnchen (links unten), Streifenhörnchen, Mäuse, Hamster (rechte Seite, links unten), Siebenschläfer, Murmeltiere und sogar das Stachelschwein (unten) gehören zu den Verwandten des Meerschweinchens.
Sie alle sind Nagetiere und haben je oben und unten im Kiefer zwei Nagezähne, die ständig weiterwachsen.

Doch nicht alle Nager sind so freundlich wie die Meerschweinchen.

Der **Goldhamster** *(Bild unten)* zum Beispiel, ein niedliches, liebenswertes, hübsches und possierliches Tierchen, ist nachtaktiv und wird erst munter, wenn wir schlafen.

Kein Wunder, dass er uns am Tage manchmal verärgert in den Finger beißt, wenn wir ihn wecken.

Deshalb mögen wir Meerschweinchen viel lieber. Es sind ideale Haustiere, wenn man keinen großen Garten hat oder Hund und Katze gar nicht halten darf.

Meerschweinchen sind fröhlich, unterhaltsam und anhänglich, lassen sich gerne streicheln und sind ausgesprochen pflegeleicht.

Nun hast du eine Menge über Meerschweinchen gelernt. Du weißt, worauf du achten musst: Lass dein Meerschweinchen nicht zu dick werden, pass beim Freilauf in der Wohnung auf, dass es keine elektrischen Kabel anbeißt! Schütze es bei seinem Aufenthalt im Freigehege vor Feinden! Bei der richtigen Pflege hast du sieben bis acht Jahre viel Spaß mit ihm.

Unsere weitere Fotosachbücher: brillant, informativ,

978-3-930038-45-9

978-3-930038-13-8

978-3-930038-24-4

978-3-930038-17-6

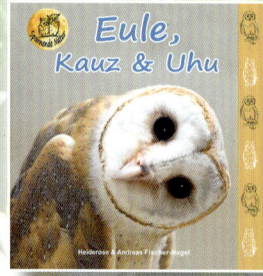
978-3-930038-74-9

978-3-930038-15-2

978-3-930038-04-6

978-3-930038-64-0

978-3-930038-90-9

978-3-930038-38-1

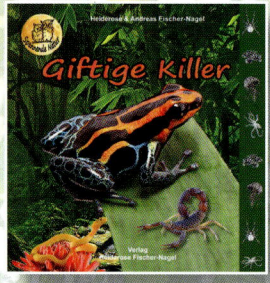
978-3-930038-95-4

978-3-930038-25-1

978-3-930038-87-9

978-3-930038-46-6

978-3-930038-47-3

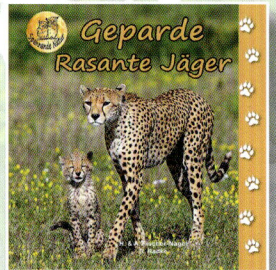
978-3-930038-63-3

978-3-930038-76-3

978-3-930038-36-7

978-3-930038-78-7

978-3-930038-73-2

In Ihrer Buchhandlung oder Verlag Heiderose Fischer-Nagel, Brunnenstraße 7, D-34286 Spangenberg